EL TRATADO DE VERSALLES

El fin de la Primera Guerra Mundial

Por Jonathan D'Haese
En colaboración con Thomas Jacquemin
Traducido por Laura Bernal Martín

Historia · en50MINUTOS.es

EL TRATADO DE VERSALLES

- **¿Cuándo?** Del 18 de enero de 1919 al 10 de enero de 1920.
- **¿Dónde?** En París.
- **¿Contexto?**
  - El final de la Primera Guerra Mundial (1914-1918).
  - La firma del armisticio (11 de noviembre de 1918).
- **¿Principales protagonistas?**
  - Georges Clemenceau, hombre político francés (1841-1929).
  - Thomas Woodrow Wilson, hombre de Estado estadounidense (1856-1924).
  - Vittorio Orlando, hombre político italiano (1860-1952).
  - David Lloyd George, hombre de Estado británico (1863-1945).
- **¿Repercusiones?**
  - La creación de la Sociedad de Naciones en 1919.
  - Las rivalidades entre los Aliados europeos.
  - El debilitamiento de las principales potencias occidentales.
  - El ascenso del nacionalismo.

El Tratado de Versalles marca el final de la Primera Guerra Mundial entre Alemania y los Aliados, representados por Georges Clemenceau (Francia), Lloyd George (Gran Bretaña), Woodrow Wilson (Estados Unidos) y Vittorio Orlando (Italia). Se firma el 28 de junio de 1919 en la Galería de los Espejos del Palacio de Versalles, en el mismo sitio donde tuvo lugar la proclamación del Imperio alemán en 1871. Francia, al imponerle a Alemania que el Tratado se firme en este lugar, desea borrar simbólicamente la humillación sufrida durante la guerra franco-prusiana de 1870 obligándole a reconocer sus responsabilidades en el conflicto mundial.

Las disposiciones del Tratado son estrictas contra el país derrotado. Le quitan a Alemania una octava parte de su territorio y le obligan a renunciar a sus colonias en beneficio de los vencedores. Además, debe devolver el territorio de Alsacia y Lorena a Francia y pagar una importante multa como compensación por los daños causados durante la guerra. El Tratado también prevé la eliminación del servicio militar y la reducción del ejército alemán a 100 000 hombres con el objetivo de limitar su poder. Para garantizar el respeto de sus muchas cláusulas, los Aliados llegan a un acuerdo para ocupar la orilla izquierda del Rin durante 15 años.

Los delegados alemanes acaban por firmar el documento, que en Berlín se recibe como una *Diktat* humillante y hostil impuesto por los vencedores. Al final, el Tratado es un fracaso diplomático. Aviva las rivalidades en el seno de las propias potencias europeas, deseosas de mantener sus rangos, en detrimento de una Alemania herida que lleva consigo la semilla de una segunda deflagración mundial.

CONTEXTO

UNA EUROPA BAJO EL DOMINIO ALEMÁN

Asesinato del archiduque Francisco Fernando de Habsburgo.

Sarajevo, 28 de junio de 1914. El archiduque Francisco Fernando de Habsburgo (1863-1914) y su esposa son asesinados por los disparos del anarquista serbio Gavrilo Princip (1894-1918), y los Estados europeos utilizan este pretexto para declararse la guerra. En 4 de agosto de 1914, el general alemán Helmuth von Moltke (1848-1916) dirige a su ejército a París. Espera hacerse con una victoria rápida contra Francia, pero la resistencia que opone Bélgica, y después la propia Francia, frenan en seco el impulso alemán a orillas del Marne.

En el invierno de 1914, los ejércitos se estancan en una guerra de desgaste. Durante largos meses, se enfrentan a ambos lados de una línea de batalla de 700 kilómetros, sin que ninguna ofensiva planeada por los beligerantes le de la ventaja a uno u otro bando. A principios del año 1918, la situación sigue siendo crítica para los Aliados: tras cuatro años de combate, el Imperio alemán domina Europa, y ha logrado mantener a su ejército intacto y preservar su territorio de cualquier invasión.

El 3 de marzo de 1918, la paz separada firmada con los soviéticos en Brest-Litovsk (Bielorrusia) le garantiza a Alemania una victoria en el Este. El general alemán Erich Ludendorff (1865-1937), aprovecha la ocasión para concentrar sus fuerzas en el frente occidental. Allí lanza tres ofensivas: en Picardía (21 de marzo), en Flandes (9 de abril), y luego en el Camino de las Damas (27 de mayo). Estas operaciones casi le otorgan la victoria a los alemanes, que penetran en 60 kilómetros del frente aliado, hasta Amiens y amenazan París en junio. Sin embargo, la resistencia de los ejércitos anglo-franceses durante la segunda batalla del Marne, que causa estragos entre el 15 y el 20 de julio de 1918, revela las debilidades del ejército enemigo y le obliga a replegarse en el departamento de Aisne el 18 de julio. Son los primeros síntomas de la decadencia alemana.

LA INTERVENCIÓN DE LOS ESTADOS UNIDOS

El presidente Woodrow pidiéndole al Congreso que se declare la guerra contra Alemania.

En guerra desde el mes de abril de 1917, el presidente estadounidense Wilson espera una victoria rápida contra el Segundo Reich, aunque no cuenta con aplastarlo por completo. El 8 de enero de 1918, presenta ante el Congreso sus «Catorce Puntos», que establecen las condiciones necesarias para restablecer la paz entre los Estados europeos después del conflicto. Estos incluyen la supresión de la diplomacia secreta, la limitación de los armamentos y la creación de una Sociedad de Naciones (SDN) que se encargue de garantizar la integridad del territorio y la soberanía de los Estados europeos.

El objetivo del presidente estadounidense es pragmático. Quiere convencer a la opinión pública de ambos bloques de la necesidad de alcanzar una paz sin anexión y equilibrada, basada en el principio de la libertad de los pueblos a la libre determinación. Inicialmente, la maniobra es un fracaso. A principios del año 1918, la continuación de las ofensivas militares llevadas a cabo en Somme (Francia) con el objetivo de desestabilizar el frente alemán, impide la resolución del conflicto por vía diplomática. En esta etapa de la guerra, Wilson comprende que la paz solamente será posible con la intervención de los ejércitos estadounidenses, que permitirá una inversión de las relaciones de fuerza a favor de los Aliados.

De hecho, después de venirse abajo durante el avance de los ejércitos alemanes entre los meses de marzo y abril, el ejército francés ha perdido la capacidad de emprender grandes ofensivas. En cuanto a los británicos, su posición no es mucho más envidiable, ya que lamentan la pérdida de 236 000 hombres.

El 26 de marzo de 1918, Georges Clemenceau pone a las fuerzas aliadas situadas en el frente occidental bajo el mando único del mariscal Ferdinand Foch (1851-1929). El 27 de mayo, el nuevo generalísimo aliado entra en contacto con John Pershing (1860-1948), comandante de las Fuerzas Expedicionarias Estadounidenses, para convencerlo de participar en una ofensiva general contra Alemania. Pero Pershing acaba de llegar a Francia a la cabeza de un cuerpo armado de solo 14 500 hombres. Después de muchas negociaciones, el Congreso acepta enviarle un millón de soldados movilizados en virtud del Selective Service Act, una ley que se encarga del reclutamiento en los Estados Unidos desde mayo de 1917.

Seguro de la participación de los estadounidenses, Foch pone en marcha una ofensiva de fuerzas interaliadas en el departamento de Somme el 8 de agosto de 1918. Aunque solo intervienen como refuerzos, la participación de tres millones de soldados estadounidenses en Europa inclina la balanza de manera decisiva a favor de los Aliados.

HACIA EL ARMISTICIO

Ahora que cuentan con una superioridad numérica tanto a nivel de artillería como de hombres, a finales de septiembre los británicos consiguen romper las líneas alemanas en Picardía, en Artois y en Flandes. En plena estampida, los prusianos se enfrentan al colapso de sus aliados en Europa del Este.

El general Ludendorff, obligado a retirarse en todos los frentes, le aconseja a Guillermo II (rey de Prusia y emperador de Alemania, 1859-1941) entregarse a los vencedores. El 3 de octubre de 1918, el emperador le encarga al príncipe Maximiliano de Baden (hombre político alemán, 1867-1929) pedirle la paz al presidente Wilson.

En ese momento, el Reich se encuentra al borde del colapso. En Berlín, facciones políticas de extrema izquierda aprovechan el descontento de la población para organizar huelgas en contra de la «guerra imperialista» e instaurar consejos obreros (los sóviets), siguiendo el ejemplo de los revolucionarios rusos. Impotente, Guillermo II abdica el 9 de noviembre. Al día siguiente, el Reichstag (asamblea parlamentaria del Imperio alemán) proclama la República. Mientras tanto, una delegación encabezada por Matthias Erzberger (hombre político alemán, 1875-1921), atraviesa las líneas del frente francés para negociar las condiciones de un armisticio. Las negociaciones se abren el 8 de noviembre en el vagón de tren privado del mariscal Foch. Aprovechando la derrota de los alemanes, el líder aliado les impone una rendición con unas condiciones draconianas. Deben aceptar la liberación de los prisioneros de guerra aliados y la evacuación, en un periodo de 15 días, de los territorios invadidos al oeste y, en particular, de Alsacia y Lorena.

El armisticio se firma el 11 de noviembre de 1918 y pone fin a cuatro años de lucha armada en el continente europeo. Entonces se reúnen las condiciones necesarias para imponer un tratado de paz dominado por los intereses y los deseos de venganza de Francia contra la Alemania vencida. Pero el futuro demostrará que la victoria no garantiza necesariamente paz.

BIOGRAFÍAS

GEORGES CLEMENCEAU, EL PADRE DE LA VICTORIA FRANCESA

Retrato de Georges Clemenceau.

Georges Clemenceau nace en 1841 y es el líder de la izquierda radical antes de 1914. En el momento de la entrada en guerra, su antigermanismo le incita a pedirle a los franceses que realicen todos los sacrificios necesarios para triunfar ante Alemania. Por lo tanto, cuando en noviembre de 1917, Raymond Poincaré (hombre de Estado francés, 1860-1934) lo convoca al Gobierno cuando el resultado del conflicto parece crítico, Clemenceau declara ante la Asamblea Nacional: «Yo hago la guerra» (Gallo 2014, epílogo). Apoyado por una fuerte mayoría parlamentaria, instaura una política de salvación nacional y persigue a sus detractores. Para él, la guerra solo debe acabar en victoria.

Después del armisticio, los franceses le llaman el «padre de la victoria». Por lo tanto, no sorprende que sea el representante de Francia en la Conferencia de Paz que tiene por misión recuperar Alsacia y Lorena, fijar la frontera franco-alemana y obtener reparaciones de guerra por parte de Alemania. Clemenceau, de hecho, espera obligarle a reconocer los estragos infligidos a Francia. Sin embargo, admite que su país no es el único que puede presumir del mérito de la victoria. Sin sus aliados, Francia habría sido derrotada con toda seguridad. Por lo tanto, debe moderarse y acaba por aceptar la creación de una Sociedad de Naciones.

Elegido líder del Bloque Nacional (una coalición de centro derecha) en 1919, los partidarios de la Acción Francesa (movimiento político francés de extrema derecha) le reprochan su suavidad en la aplicación del Tratado.

En enero de 1920, aspira a la presidencia de la República, cargo desde el que espera supervisar la aplicación de los tratados de paz. Pero su derrota ante Paul Deschanel (hombre de Estado francés, 1855-1922) anuncia el fin de su carrera política. Termina su vida solo, aprovechando su tiempo libre para viajar y escribir.

Muere en París el 24 de noviembre de 1929.

THOMAS WOODROW WILSON, EL IDEALISTA

Retrato de Thomas Woodrow Wilson.

Thomas Woodrow Wilson nace en 1856 y es elegido a la Casa Blanca en 1912. Es un verdadero pacifista y proclama la neutralidad de los Estados Unidos en 1914, limitando así su participación en el conflicto mundial a la cooperación internacional.

Pero no puede mantenerse de brazos cruzados ante la guerra submarina que le declara Alemania en enero de 1917, e involucra a su país en el conflicto en abril. Wilson ve la oportunidad de convertir el mundo a la democracia. El asombro es mayúsculo cuando, el 18 de noviembre de 1918, anuncia su participación en la Conferencia de Paz. Nunca un presidente en ejercicio había representado hasta entonces a los Estados Unidos en el extranjero.

Llega a París el 14 de diciembre, e intenta hacer que se firme la paz sin que haya ninguna anexión. De hecho, Wilson desea que Alemania recupere su posición como gran potencia sin ninguna frustración para que la paz esté garantizada a largo plazo. Pero Clemenceau no comparte esta opinión. Para el francés, la creación de un Estado colchón (el Sarre y el Ruhr), ocupado por el ejército francés y que reduzca el poder de Alemania es la condición para evitar una nueva guerra. Desafortunadamente para Wilson, sus ideales son incompatibles con la agresividad de la diplomacia europea.

A pesar de este primer fracaso, está decidido a luchar por sus convicciones. El reto ahora es lograr que se acepte el Tratado de Versalles en el Congreso y, particularmente, la creación de una Sociedad de Naciones. En julio de 1919, organiza una campaña de propaganda por los Estados Unidos que le agota profundamente. Inmovilizado, continúa la lucha desde su habitación y exige la adopción del Tratado en el país, pero el Senado se niega a ratificarlo.

Su política, que permitiría que los Estados Unidos salieran de su aislamiento, fracasa. En 1920 aspira a un tercer mandato, pero los estadounidenses eligen al republicano Warren Harding (1865-1923), que aboga por un retorno a la vida normal después de la guerra.

El 20 de noviembre de 1919, Wilson recibe el Premio Nobel de la Paz por su trabajo durante la Primera Guerra Mundial. Dos años más tarde, se retira de la vida política y muere el 3 de febrero de 1924 en Washington.

DAVID LLOYD GEORGE, EL LEÓN BRITÁNICO

Retrato de David Lloyd George.

Lloyd George nace en 1863 y domina la política británica entre 1906 y 1922. Inicialmente en contra de la entrada en guerra de Gran Bretaña, a partir de 1915 desarrolla las industrias armamentísticas necesarias para el esfuerzo de guerra y apoya la política de grandes ofensivas, entre las que destaca la expedición de los Dardanelos.

En diciembre de 1916, reemplaza a Herbert Asquith (1852-1928) como primer ministro y permite a Gran Bretaña salir victoriosa de la guerra. Además, su posición le permite negociar con los estadounidenses y los franceses en París.

Aunque al principio considera que Alemania debe pagar por los abusos que ha cometido, al final adopta la postura de Wilson. Convencido de que este país acabará recuperando su fuerza, insiste en la importancia de no humillarlo, por temor a perder un socio vital para Gran Bretaña. En cuanto a la Sociedad de Naciones, ve en ella una manera de involucrar a los Estados Unidos en los asuntos de Europa. A su regreso a Londres, se apresura a hacer que se ratifique el Tratado, por temor a que las Cámaras lo rechacen, arriesgándose a retrasar reformas esenciales para la recuperación económica del país.

En 1922, su imprudente política contra Turquía en la crisis de Chanak (septiembre-octubre de 1922) le hace perder el poder. Reconvertido en líder de la oposición liberal en la Cámara de los Comunes, asiste a la desintegración de su partido. Aunque cada vez está más aislado en la escena política británica, no por ello pierde su influencia. Con la ayuda del economista John Meynard Keynes (1883-1946), se embarca en un proyecto de reforma para convertir a Gran

Bretaña en un estado de bienestar.

La crisis diplomática de Chanak

El asunto Chanak es la primera gran puesta a prueba de la política exterior de Lloyd George de cara a la Turquía de Mustafa Kemal (presidente turco, 1881-1938). Menospreciando el acuerdo firmado en Sèvres, las fuerzas nacionalistas turcas atacan a los griegos en Asia Menor y asedian a las fuerzas de ocupación británicas en una pequeña ciudad portuaria, Chanak, durante el verano de 1922. Temiendo que los turcos amenazaran al ejército británico en Constantinopla, Lloyd George obliga a las fuerzas militares de los dominios a enviar tropas para demostrar la solidaridad del Imperio frente a Turquía. El Parlamento, que se mantiene al margen de estas maniobras, califica esta política de irresponsable y pide la dimisión del primer ministro. Pero finalmente la crisis se calma gracias a la mediación francesa, que concluye en el armisticio de Moudania (11 de octubre de 1922).

A mediados de los años treinta, a Lloyd George le cuesta adoptar una postura frente al desarrollo del Partido Nazi. En 1936 llega a viajar a Berlín para conocer a Hitler (canciller alemán, 1889-1945), que se alegra de saludar «al vencedor de Alemania». Pero dos años más tarde, el episodio del Anschluss (anexión de Austria a Alemania) le hace medir la impotencia del gobierno de Neville Chamberlain en lo referente al nuevo despliegue militar del Tercer Reich. En

1940, en la Cámara de los Comunes, pronuncia un histórico discurso que destituirá a Chamberlain de su puesto de primer ministro, que enseguida será ocupado por Winston Churchill. Este último le propone a Lloyd George una plaza en su ministerio, pero él lo rechaza.

Dedica sus últimos años a abogar por la consolidación del estado de bienestar que él mismo ha iniciado, y pide la formalización de una paz equilibrada con Alemania desde el fin de la batalla de Inglaterra (agosto-octubre 1940).

Fallece el 26 de marzo de 1945 en Londres.

VITTORIO ORLANDO, EL VENCEDOR DESDEÑADO

Retrato de Vittorio Orlando.

Vittorio Emmanuel Orlando nace en Palermo en 1860, y es un diputado liberal moderado. A partir de 1897, asiste al jefe del Consejo de Estado italiano, Giovanni Giolitti (1842-1928), como ministro de Instrucción Pública (1903-1905) y, más tarde, de Justicia (1907-1909). Entre 1914 y 1916, el gobierno de Antonio Salandra (hombre político italiano, 1853-1931) vuelve a confiarle este ministerio.

Después de la derrota italiana en Caporetto (24 de octubre-9 de noviembre de 1917), dirige una formación de unidad nacional guiada por la idea de la resistencia. Con energía, desarrolla la economía de guerra y restaura las fuerzas militares del país, lo que le permitirá derrotar a los austriacos en Vittorio Veneto (octubre de 1918).

En 1919, participa en la Conferencia de París para asegurar el cumplimiento de las disposiciones del Pacto de Londres de 1915, que prevé la devolución de las tierras irredentas a Italia a cambio de su compromiso con las fuerzas de la Entente. Pero llegado el momento, los Aliados se niegan a cumplir su compromiso porque temen que Italia ocupe un lugar demasiado importante en el Mediterráneo. En este callejón sin salida, Vittorio Orlando decide hacer que las tropas italianas desembarquen en Adalia (Turquía) y las coloca frente a Esmirna (también conocida como Izmir) para obligar a los franceses y a los británicos a concederle el control del puerto de Fiume (Croacia) a expensas de Yugoslavia. Pero esta maniobra le debilita, y decide dejar la mesa de negociaciones el 19 de junio de 1919.

Cuando vuelve a Roma, es elegido jefe de la Asamblea. Enseguida sufre numerosas críticas por parte de los italianos, que lo acusan de no saber imponer los intereses del país a los Aliados y, por lo tanto, de no haber sabido recompensar los sacrificios hechos durante la guerra.

En ese momento, Italia sufre una grave crisis que provoca la oposición entre los sindicatos y los miembros de la patronal, reagrupados en el seno del nuevo partido fascista de Mussolini (1883-1945). Aunque al principio Orlando apoya a Mussolini, que obtiene el poder por la fuerza, finalmente se une a la oposición cuando los fascistas asesinan al líder del Partido Socialista, Giacomo Matteotti (1885-1924), el 10 de junio de 1924.

Desde ese momento evita cualquier compromiso con el régimen fascista y adopta una actitud de retirada, particularmente el 4 de junio de 1944 durante la liberación de Roma por las tropas americanas. Esta cautela le lleva a ser elegido presidente de la Asamblea Constituyente de la Nueva República italiana en junio de 1946. Pero sus objeciones a las condiciones del Tratado de Paz firmado entre Italia y Austria hacen que renuncie a su cargo en 1947. En compensación, es elegido al Senado al año siguiente, y después presenta su candidatura a la presidencia de la República, aunque finalmente sale elegido el liberal Luigi Einaudi (1874-1961) el 11 de mayo de 1948.

Vittorio Orlando muere en Roma el 1 de diciembre de 1952.

EL TRATADO DE VERSALLES

UN TRATADO CRITICADO

El Tratado de Versalles tiene mala reputación. Se le considera responsable del ascenso del nazismo en Alemania y de la subsiguiente guerra. Pero se olvida que el acuerdo es el resultado de un delicado compromiso entre las cuatro potencias aliadas para intentar restablecer la paz en el explosivo contexto resultante de la Primera Guerra Mundial.

En 1918, la inesperada caída de los Imperios austrohúngaro, alemán y otomano hace emerger nuevos países que esperan de los vencedores garantías de seguridad que respondan a las reglas del Estado-nación, heredadas del siglo XIX. Los tres jefes de Estado saben que para lograrlo tendrán que funcionar en el marco de una entidad coherente, encargada de sancionar equitativamente las responsabilidades entre los vencedores y los vencidos, bajo pena de mantener los resentimientos que nacieron en la guerra.

EL PROBLEMA DE LAS NACIONALIDADES A PRINCIPIOS DEL SIGLO XX

En el siglo XIX, el equilibrio europeo está organizado según el modelo de Estado-nación. Las bases teóricas de este modelo de soberanía insisten sobre todo en la libertad de los hombres a vivir en comunidad dentro de un territorio definido, bajo la responsabilidad de un gobierno capaz de representarlos y protegerlos de un ataque procedente del extranjero. Heredada de la filosofía ilustrada, la aplicación del principio nacional conduce a tres movimientos diferentes:

- la unificación de países en conjuntos territoriales y políticos coherentes. La unificación de Italia en 1859 y de Prusia en 1871 son los mejores ejemplos;
- la formación de comunidades nacionales que tienen como objetivo la homogeneidad étnica para protegerse de influencias extranjeras. Este es el caso de los Balcanes, donde Grecia, Serbia o incluso Rumania están tratando de afirmar su soberanía contra los Imperios austrohúngaro y ruso;
- el mantenimiento, dentro de estos Estados, de varios grupos étnicos, que sin embargo están dominados por el modelo cultural de uno solo, reivindicando un derecho histórico de ocupación del suelo o de pureza de sangre.

En el contexto del colapso de los imperios después de 1918, puede entenderse que el principio de las nacionalidades es particularmente difícil de lograr en territorios donde los grupos étnicos son muy numerosos y están estrechamente imbricados.

LA ORGANIZACIÓN DE LA CONFERENCIA DE LOS VENCEDORES

El 18 de enero de 1919, Raymond Poincaré inaugura la Conferencia de Paz en París. Durante el evento, la capital francesa se convierte en el centro del mundo, y no menos de 27 países están invitados a la mesa de negociaciones. Se espera, en particular, al rey de Bélgica, Alberto I (1875-1934) y a la reina María de Rumania (1875-1938), junto con las delegaciones portuguesa, polaca, griega y serbia.

El 29 de marzo, se decide establecer un Consejo Supremo compuesto por los Estados Unidos, Francia, Inglaterra e Italia. Japón también es invitado, pero su participación se limita a la cuestión de sus posesiones en Asia Oriental.

Contrariamente a lo que estaba previsto, no todos los beligerantes se encuentran en la mesa de negociaciones. El gran ausente pertenece al bando aliado: Rusia. Clemenceau prefiere mantener a este país, que había entrado en una revolución en 1917, apartado de las negociaciones, pues teme la influencia que podrían ejercer los bolcheviques en las negociaciones. En cuanto a Alemania, su responsabilidad en el estallido del conflicto la excluye de los debates.

Ejerciendo de maestro de ceremonias, Clemenceau se decide por una organización racional de la Conferencia para evitar que los principales culpables de la guerra exploten las diferencias de opinión existentes entre los países vencedores.

«EL MAYOR CRIMEN EN LA HISTORIA»

En agosto de 1914, el ejército alemán invade Bélgica y es culpable de abusos sobre casi 6500 civiles. Cuatro años más tarde, el gobierno francés se compromete a llevar a los criminales de guerra alemanes ante un tribunal internacional para que sean declarados responsables de los actos. A Gran Bretaña, que no ha sufrido ninguna invasión, el reconocimiento de la responsabilidad penal de Alemania también le parece esencial.

Cuando Clemenceau visita Londres en diciembre, acusa a Guillermo II de haber cometido «el mayor crimen de la historia» y se une a Lloyd George para exigir la extradición del emperador.

Entonces, el primer ministro británico sugiere la creación de un tribunal internacional compuesto por jueces aliados competentes para decidir la suerte de los acusados de violar el derecho internacional. Pero, ante la negativa del presidente Wilson se debe llegar a un acuerdo. Este último defiende la competencia de los tribunales nacionales para juzgar a los criminales de guerra. A continuación, se acuerda lo siguiente:

- los Aliados tienen el derecho de acusar públicamente a Guillermo II de «la ofensa suprema contra la moral internacional y contra la santidad de los Tratados» (artículo 227 del Tratado);
- cada Estado puede juzgar a los criminales de guerra ante sus respectivos tribunales, en virtud del principio de responsabilidad exclusiva.

Sobre esta base, los tres aliados le presentan a Alemania una lista que incluye los nombres de 854 personas a las que desean juzgar. Pero las listas parecen tan inconsistentes que Alemania se niega a entregar a los acusados. Entonces, bajo la presión del presidente estadounidense Wilson, ansioso por tratar bien a la autoridad del gobierno alemán, se reducen. A raíz de estos cambios, Alemania se compromete a juzgar a los implicados. Pero el proceso penal ante el Tribunal Imperial en Leipzig a partir de mayo de 1921 se anuncia caótico.

LA COLOSAL DEUDA ALEMANA

Además de sus crímenes, la responsabilidad de Alemania sale a la luz cuando los negociadores introducen la noción de reparación de guerra en el Tratado. Reconocida como la única responsable de los daños sufridos por los Aliados durante la guerra, Alemania está obligada a indemnizarlos (artículo 231). A Clemenceau le gusta esta noción e insiste en que se introduzca en el protocolo de armisticio, puesto que Francia ha sufrido los daños más importantes.

Su voluntad es debilitar la posición de Alemania no solo exigiéndole compensaciones, sino también obligándola a renunciar a Alsacia y Lorena y a sus colonias en Asia y en África. En cuanto a su ejército, se ve reducido a 100 000 hombres. Lloyd George y Woodrow Wilson consideran que estas condiciones son demasiado duras. Aunque Alemania debería, definitivamente, pagar un precio por haber desencadenado la guerra, la aplicación de las cláusulas de reparación lleva a exigir mucho más de lo que puede pagar. Lloyd George prefiere, por tanto, garantizar «salvaguardias» para permitir que Alemania pueda recuperar su lugar en Europa.

EL DERECHO DE LOS PUEBLOS A LA LIBRE DETERMINACIÓN

Desde el inicio de la Conferencia, el destino que se le reserva a Alemania pone de relieve la necesidad de sancionar, por ley, el lugar respectivo de las nuevas naciones resultantes del hundimiento de los Imperios Centrales. A diferencia de Georges Clemenceau y de Lloyd George, que subordinan este equilibrio al derecho del vencedor, Wilson es el único que se desmarca de esto, proponiendo el principio del derecho de los pueblos a la libre determinación. Esta política, llamada de puertas abiertas, tiene la ventaja de romper con el expansionismo territorial estéril al origen de la guerra, reservándole a cada nación su propia zona de influencia económica en un mercado común protegido.

Además, el presidente de los Estados Unidos trata de influir en el sentido tradicional de la diplomacia europea alentando a sus colegas franceses y británicos a incluir una disposición que prevea la creación de una Sociedad de Naciones que se encargue de garantizar la seguridad colectiva de los Estados y sus buenas relaciones económicas — en particular con los Estados Unidos. Aunque Georges Clemenceau y Lloyd George aceptan incluir esta propuesta en el preámbulo del Tratado, Wilson no consigue todo lo que quería. Para los europeos, la restauración de la paz está sujeta a reivindicaciones de independencia y a relaciones de poder de los territorios estratégicos que los Aliados distribuyen a menudo en función de sus propios intereses. Esta manera sesgada de definir el derecho de las naciones provoca algunos acalorados debates alrededor de la mesa de negociaciones.

Entre los temas tratados, la independencia de Polonia es una de las cuestiones que plantea el mayor número de preguntas. Los Aliados están dispuestos a recompensar a

Polonia, que participó a su lado durante la guerra, en virtud del punto 13 de Wilson, que promete la restauración de un territorio «indiscutiblemente polaco». Pero las cosas se complican cuando se trata de fijar las fronteras del nuevo Estado.

En junio de 1919, el Tratado de Versalles reconoce oficialmente la independencia de Polonia, proclamada unos meses antes. Con el fin de hacer de ella un Estado colchón sólido contra la expansión de la influencia soviética en Europa Occidental, los Aliados fijan las fronteras siguiendo la antigua línea del frente ruso-alemán de 1918. Así, los polacos heredan la mitad oeste de Prusia oriental y el rico territorio minero de Posen. En cuanto al corredor de Danzig, la comisión interaliada se lo atribuye a Polonia, favoreciendo así su acceso al mar Báltico, pero negándose a reconocer el referéndum de 1920 que se pronunciaba a favor de la reintegración en el Reich. Esta decisión pone gravemente en peligro el equilibrio de las fronteras en el Este y, al final, nadie está realmente satisfecho con los límites que establece el Tratado de Versalles. Esta situación explosiva crea un nuevo conflicto abierto entre Polonia y Rusia a partir del mes de febrero de 1919, que no se culminará hasta diciembre de 1922, con la proclamación de la Unión de Repúblicas Socialistas Soviéticas.

La preocupación de los Aliados de reorganizar Europa en favor de su hegemonía en torno a una Alemania debilitada les hace desembocar, en junio de 1919, en un tratado desequilibrado marcado con el sello de los vencedores, y separado de la realidad de unos pueblos cuyas aspiraciones se supone tiene que expresar a través del derecho internacional. En tales condiciones, lograr que Alemania lo acepte es todo un reto.

UNA FIRMA BAJO TENSIÓN

Los alemanes aprueban a duras penas un tratado que les quita una parte de su territorio, limita su ejército y les priva de sus colonias. Ante la negativa de los Aliados a negociar, el gobierno socialdemócrata de Friedrich Ebert (1871-1925) dimite. Pero obstinarse pondría en peligro la paz y expondría al país a una invasión extranjera —el mariscal francés Foch está dispuesto a marchar sobre Berlín si la situación degenera. Por lo tanto, el 22 de junio de 1919, el Reichstag acaba por aceptar las condiciones de los Aliados, con 237 votos a favor y 158 en contra.

Firma del Tratado de Versalles.

El 28 de junio de 1919, la Galería de los Espejos, que acoge el evento, está llena de mesas y sillas. Las delegaciones de los 27 Estados vencedores, además de generales y de numerosos poilus («peludos», término que designa a los soldados franceses que lucharon en la Primera Guerra Mundial), cuyas plazas están reservadas, se disponen a presenciar la firma del Tratado de Paz. La muchedumbre de todo París también está presente para aclamar a los tres héroes del día: Wilson, Lloyd George y Clemenceau.

Hacia las 15 horas, los dos ministros alemanes Hermann Müller (1876-1931) y Johannes Bell (1868-1949) entran en la Galería. Mientras la muchedumbre les recibe con frialdad, firman lo que llaman el *Diktat* de Versalles. Nadie sospecha aún que esta firma le dará a Adolf Hitler uno de sus principales argumentos para llevar al Partido Nazi al poder.

UN TRATADO EN TELA DE JUICIO

Cuando, en enero de 1920, las ratificaciones entran en vigor, ningún Estado está realmente satisfecho con el Tratado, y dos de los tres líderes que lo han redactado pierden el poder: Wilson deja paso a Warren Harding, mientras que Clemenceau le cede la presidencia del Consejo a Alexandre Millerand (1859-1943).

En los Estados Unidos, el Tratado es rechazado por el Congreso, en particular tras la imposibilidad de los europeos de pagar la deuda contraída con ellos en el momento de la ofensiva de octubre de 1918. Esta crisis provoca no solo el final de la carrera de Wilson, sino también la negativa de los Estados Unidos a entrar en la Sociedad de Naciones.

En Francia, Clemenceau es destituido por no haber sido capaz de obtener de Alemania todas las reparaciones necesarias para restaurar el país, pero esto no impide que la Asamblea Nacional ratifique el Tratado el 13 de julio de 1920. El regreso del lorenés Poincaré al escenario político le permite rectificar ciertas cláusulas del Tratado de Versalles, concediéndole a Francia la ocupación de la cuenca del Ruhr para garantizar el pago de las reparaciones.

Más allá de los intereses de los tres grandes aliados, el acuerdo no pudo resolver cuestiones fundamentales, como la fijación de las fronteras polacas. Estas carencias abren la vía a feroces campañas nacionalistas. Así, en toda Europa, la aplicación de un concepto de nacionalidad mal controlado permite que políticos demagogos sienten las bases de guerras que se refugian en la soberanía nacional.

REPERCUSIONES

EL FRACASO DEL TRATADO DE VERSALLES

El Tratado de Versalles fracasa en muchos aspectos. Las razones que lo explican se encuentran tanto en la organización de las reuniones de paz, como en las consecuencias derivadas de ciertas cláusulas.

En primer lugar, si se tienen en cuenta los intereses de Rusia y de Alemania, claves para el equilibrio europeo, la exclusión de ambos países de las negociaciones augura un ajuste de cuentas más que una paz equilibrada. Por lo tanto, los tres grandes vencedores hacen pagar a los vencidos movidos por un deseo de venganza. Los primeros se muestran intransigentes en sus reivindicaciones —sobre todo en lo relativo a las reparaciones que debe Alemania— y no dejan espacio a la negociación.

A continuación, es necesario señalar el importante papel que desempeña el Consejo Supremo Aliado en la aplicación de los Tratados, en oposición a los débiles medios de acción que se le dejan a la Sociedad de Naciones para representar el papel de mediador. Además, las instituciones establecidas por el Tratado de Versalles fortalecen la influencia de Francia y Gran Bretaña en sus colonias.

LA SOCIEDAD DE NACIONES, UNA INSTITUCIÓN INTERNACIONAL POCO EFICAZ

Los Tratados convierten a la Sociedad de Naciones en un

órgano encargado de mantener la paz después de la Primera Guerra Mundial. Su misión es controlar el riesgo de conflicto solucionando los desacuerdos entre los Estados. Pero la ausencia de órganos supranacionales la subordina a los intereses del Consejo Supremo Aliado y limita sus medios de acción durante el período de entreguerras. Sin embargo, recurrir a su arbitraje permite en repetidas ocasiones aclarar la situación de determinados territorios estratégicos que administran durante los años veinte. De este modo, el Tratado de Versalles prevé, por ejemplo, que se organice un referéndum en la Alta Silesia para determinar si la región debería formar parte de la República de Weimar o a la República de Polonia. En 1922, se invita a la Sociedad de Naciones para resolver la cuestión y logra que se acepte la división del territorio entre los dos países. En este mismo sentido, se le encarga la administración del Sarre para Francia y de la ciudad libre de Danzig para Polonia hasta 1923.

Más allá de este aspecto, la SDN no es más que un órgano de mediación cuyo arbitraje puede ser eficaz para aliviar las crisis circunscritas a determinados territorios. Pero su eficacia es muy limitada cuando la estabilidad de Europa se ve comprometida por conflictos más graves; así, los temas más importantes siguen estando en manos del Consejo Supremo Aliado. Por lo tanto, la SDN se considera enseguida un instrumento dócil al servicio de una reorganización global y dominado por la visión europea.

UN TERRENO FÉRTIL PARA LA SEGUNDA GUERRA MUNDIAL

A pesar de algunos éxitos notables, la Sociedad de Naciones rápidamente se muestra incapaz de responder a las muchas provocaciones del Eje (Alemania, Italia y Japón), que conducen al estallido de la Segunda Guerra Mundial (1939-1945).

En Alemania, el Tratado despierta de inmediato la ira de la opinión pública y provoca altercados. Para mostrar su descontento, los berlineses queman las banderas francesas tomadas en 1870 durante la guerra franco-prusiana para no tener que restituirlas. Aprovechando este contexto, los líderes alemanes más radicales intentan atizar la ira del pueblo con discursos que ponen de relieve la humillación sufrida por Alemania. Entre ellos, un cabo llamado Adolf Hitler aprovecha para confederar los grupos de trabajadores en el seno del Partido Nacionalsocialista Obrero Alemán (NSDAP) y los galvaniza prometiéndoles reunir a todas las minorías alemanas separadas de la patria por los «traidores de Versalles» en el seno de un «Reich inmortal». Esta política se refleja en el redespliegue militar de Alemania, que remilitariza Renania y se anexa, en 1938, los Sudetes (alemanes de Bohemia) y Austria con la bendición de los jefes de Estado aliados reunidos para la ocasión en Múnich.

En 1933, el Reich abandona la Sociedad de Naciones, seguido rápidamente por Japón y por la Italia fascista en 1937, que se niegan a que su política exterior en Etiopía y China, respectivamente, se someta a su juicio.

El fracaso de la SDN para gestionar las reclamaciones alemanas en la Ciudad Libre de Danzig marca definitivamente su fracaso. Esta crisis acaba convenciendo a Hitler de invadir Polonia, el 1 de septiembre de 1939.

EL DERECHO DE LOS PUEBLOS, «UNA EXPRESIÓN CARGADA DE DINAMITA»

Cuando se firma el Tratado, los Aliados eligen colocar el principio del derecho de los hombres a la libre determinación en la base de la legitimidad de los nuevos Estados, un concepto que vinculan a una aplicación radical del derecho de suelo (*ius soli*) o de sangre (*ius sanguinis*). Los distintos regímenes europeos reciben enseguida estos principios como una amenaza a su estabilidad.

Cuando un Estado basa su legitimidad en el consentimiento del pueblo —percibido como una nación—, la presencia de otros grupos étnicos es vista como una amenaza por los que creen en su derecho de ocupar el suelo. Parece realmente difícil para los Aliados darle a unos 60 millones de personas un Estado que les sea propio, sin por ello reducir a otros grupos al rango de minorías. Este es particularmente el caso de los Balcanes, donde la reconstrucción de los Estados considerados demasiado pequeños como para ser viables, hace necesario reunir a personas que no tienen ningún vínculo de nacionalidad. Por lo tanto, en Checoslovaquia encontramos a alrededor de 3 200 000 alemanes en una población de 13 millones de habitantes. Este desequilibrio es peligroso, porque expone a este pequeño Estado de Europa central al riesgo de una subversión por parte de las grandes minorías.

La incorporación de los Sudetes al Reich en 1938 es un buen ejemplo de ello.

En otros casos, la negativa de asimilación a la cultura dominante lleva a la expulsión de grupos enteros. Así, entre 1922 y 1923, los turcos organizan el intercambio de las poblaciones armenia y griega a cambio de ciudadanos de habla turca durante el conflicto que los enfrenta.

Se podrían multiplicar los ejemplos, pero es evidente que al vincular la independencia de las naciones al criterio exclusivo de una lengua única y de un territorio con unas fronteras impuestas por un tratado, los vencedores de Versalles hacen que persistan las frustraciones de los pueblos, que continúan luchando para defender unas fronteras y unos territorios que cada parte quiere que sean étnicamente homogéneos.

UNA FRÁGIL RECONSTRUCCIÓN ECONÓMICA

En noviembre de 1918, el final de conflicto deja a Europa exhausta. En cuatro años, la movilización intensiva del continente en la guerra ha debilitado severamente a sus poblaciones y ha provocado grandes daños materiales calculados, en 1921, en cerca de 34 millones de francos solamente en Bélgica y en el norte de Francia.

La destrucción causada por la guerra implica un pesado déficit en las balanzas de pago de los Estados, y sitúan al continente europeo en una situación de dependencia frente a los Estados Unidos, que se convierten en sus acreedores a través de su economía, impulsada por el esfuerzo de guerra.

Para algunos Estados, la celebración de la Conferencia es la oportunidad de organizar una verdadera campaña de comunicación para convencer a Washington de intervenir en sus aprovisionamientos. El 18 de junio 1919, el rey de Bélgica, Alberto I, aprovecha la llegada de Wilson para mostrarle el daño causado por los alemanes en las ciudades de Ypres, Lovaina y la cuenca de carbón de Charleroi. Las noticias emiten estas imágenes de desolación en los Estados Unidos, lo que permite el establecimiento de un fondo de asistencia (Commission for Relief in Belgium) necesario para reconstruir el país.

Esta participación económica de los Estados Unidos dura poco. Asustados por el endeudamiento del Viejo Continente, los tres presidentes, Warren Harding, Calvin Coolidge (1872-1933) y Herbert Hoover (1874-1964), retoman el aislamiento de la preguerra, con la esperanza de mantener a su país en la senda del crecimiento económico. Pero esta política no hará más que debilitar aún más el orden económico mundial, ya que, de ahora en adelante, las bolsas europeas dependen demasiado de los caprichos de Wall Street.

En este contexto de fragilidad económica, a los Aliados les cuesta reprimir el odio que sienten hacia Alemania, que es la fuente de numerosos destrozos. Aunque declaran unilateralmente la responsabilidad jurídica del Reich, Poincaré, que tiene ganas de humillar a los alemanes aún más, confía la ocupación de los yacimientos de carbón del Sarre y del Ruhr a las tropas coloniales de África Occidental. Para Alemania, esta provocación va demasiado lejos, y la población se subleva.

Al darse cuenta del peligro que representa el crecimiento del resentimiento en Alemania, la Sociedad de Naciones organiza el escalonamiento de la deuda de guerra para hacer posible una recuperación económica. En un primer momento, la maniobra fracasa. De hecho, Alemania sufre una grave crisis financiera entre 1919 y 1923 que le obliga a interrumpir el pago de las reparaciones de guerra a partir de 1924.

La situación empeora en 1929 tras la crisis bursátil de Wall Street, que desorganiza las economías europeas, con la excepción de la URSS, que a partir de 1928 experimenta un fulgurante crecimiento gracias a una economía de Estado planificada. En respuesta, varias naciones deciden proteger su estabilidad volviéndose hacia regímenes dictatoriales: Italia con el fascismo (1924), Alemania con el nazismo (1933) y España con el franquismo (1936).

A finales de los años treinta, la única solución que se le ofrece a los europeos para tratar de recuperar el principio de libertad de los pueblos, tan defendido en Versalles, es involucrarse en un nuevo combate mundial.

EN RESUMEN

- Tras la Primera Guerra Mundial, la Conferencia de Paz de París de 1919 tiene como objetivo restablecer las relaciones entre los Estados debilitando el poder de los antiguos Imperios Centrales, principalmente en beneficio de Francia e Inglaterra.
- El Tratado de Paz determina el destino de Alemania y acusa a Guillermo II y sus cómplices de crímenes de guerra. Además de contraer una pesada deuda, Alemania pierde una octava parte de su territorio y ve a su ejército reducido. Al oeste, el territorio de Alsacia y Lorena es devuelto a Francia, mientras que en el este, se le retira la Alta Silesia a Alemania en favor de Polonia, y se le cede parte de Prusia Oriental a Lituania.
- El Tratado también intenta supervisar la transición política de las antiguas posesiones de Austria-Hungría y Rusia hacia regímenes democráticos. Pero la experiencia, muy reciente, de la democracia de masas, unida a la convivencia forzada de grupos nacionales dentro de fronteras impuestas por los vencedores, hace que las regiones de Europa Central y Oriental sean muy inestables.
- A pesar de la severidad de las disposiciones, Alemania y Rusia se recuperan rápidamente y se reorganizan en torno a esquemas autoritarios e ideológicos que atraen a la gente.
- En África y en Oriente Medio, los vencedores también actúan en beneficio de sus intereses mediante el fortalecimiento de su control sobre sus colonias. A través de la Sociedad de Naciones, reducen a los países de África y de

Oriente Medio a meros protectorados cuyos mandatos se dividen principalmente entre Francia y Gran Bretaña.

- El Tratado de Versalles, que nace para restablecer la paz, solo logra reorganizar un mundo cuyo equilibrio está sujeto a las relaciones de poder de los vencedores de la Primera Guerra Mundial. La incapacidad de los Estados a ceder parte de su soberanía a favor de la seguridad colectiva explica que la Sociedad de Naciones fracase en su intento por cumplir con su papel de mediadora frente a unas frustraciones demasiado fuertes en el seno de los Estados, que ven en la guerra una opción legítima para deshacerse de las injusticias provocadas por los Tratados. De esta forma, en lugar de garantizar la paz, el Tratado de Versalles no hace más que organizar «la guerra eterna».

¡Tu opinión nos interesa!
¡Deja un comentario en la página web de tu librería en línea,
y comparte tus favoritos en las redes sociales!

PARA IR MÁS ALLÁ

FUENTES BIBLIOGRÁFICAS

- Audouin-Rouzeau, Stéphane. 2014. *Encyclopédie de la Grande Guerre*. París: Bayard.
- Becker, Jean-Jacques. 2002. *Le traité de Versailles*. París: PUF.
- Becker, Jean-Jacques. 2004. *La Grande Guerre*. París: PUF.
- Becker, Jean-Jacques. 2008. *Dictionnaire de la Grande Guerre*. París: André Versailles.
- Deperchin, Annie. 2014. "L'application des traités". En *Encyclopédie de la Grande Guerre*, 1019-1031. Dirigido por Stéphane Audouin-Rouzeau. París: Bayard.
- Deperchin, Annie. 2014. "La conférence de la paix". En *Encyclopédie de la Grande Guerre*, 993-1005. Dirigido por Stéphane Audouin-Rouzeau. París: Bayard.
- Duménil, Anne. 2014. "Les ruptures de l'équilibre". En *Encyclopédie de la Grande Guerre*, 907-923. Dirigido por Stéphane Audouin-Rouzeau. París: Bayard.
- De Schaepdrijver, Sophie. 2004. *La Belgique et la Première Guerre mondiale*. Ámsterdam: Peter Lang.
- Gaillard, Jean-Michel. 2003. "Versailles 1919: la paix des vainqueurs". *Les Collections de l'Histoire*, n.° 21, 100-103.
- Gallo, Max. 2014. *1918. La terrible victoria*. Barcelona: Roca Editorial.
- Horne, John y Alan Kramer. 2011. *1914. Les atrocités allemandes. La vérité sur les crimes de guerre en France et en Belgique*. París: Tallandier.
- Krumeich, Gerd. 2014. "Les armistices". En *Encyclopédie de la Grande Guerre*, 924-935. Dirigido por Stéphane

Audouin-Rouzeau. París: Bayard.

- CNDP, "La détermination des gouvernements". Consultado el 12 de diciembre de 2016. http://www.cndp.fr/entrepot/index.php?id=28
- Le Maner, Yves. "L'offensive allemande du printemps 1918, la *kaiserschlacht*". *Chemins de mémoire.* Consultado el 12 de diciembre de 2016. http://www.cheminsdememoire-nordpasdecalais.fr/lhistoire/batailles/loffensive-allemande-du-printemps-1918-la-kai-serschlacht.html
- Le Maner, Yves. "L'offensive victorieuse des Alliés en août-novembre 1918". *Chemins de mémoire.* Consultado el 12 de diciembre de 2016. http://www.cheminsdeme-moire-nordpasdecalais.fr/lhistoire/batailles/loffensi-ve-victorieuse-des-allies-aout-novembre-1918.html
- Mac Millan, Margaret. 2006. *Les artisans de la paix. Comment Lloyd George, Clemenceau et Wilson ont redessiné la carte du monde.* París: JC Lattés.
- Mazower, Mark. 2006. *Le continent des ténèbres. Une histoire de l'Europe au XXe siècle.* París: Éditions Complexe.
- Mourre, Michel. 1996. *Dictionnaire encyclopédique d'Histoire.* París: Larousse-Bordas.
- Vantoura, Emmanuel. 2000. Le *traité de Versailles.* Quebec: Centre national de documentation pédagogique.
- Wallart, Claudine. "Libération et armistice". *Chemins de mémoire.* Consultado el 12 de diciembre de 2016. http://www.cheminsdememoire-nordpasdecalais.fr/lhistoire/le-nord-et-le-bassin-minier-sous-loccupation/liberation-et-armistice.html

- Winter, Jay. 2014. *Première Guerre mondiale: les États*. París: Fayard.

FUENTES COMPLEMENTARIAS

- Artaud, Denise. 1985. *Les États-Unis de Wilson à Reagan*. París: Armand Colin.
- Becker, Jean-Jacques. 2012. *Clemenceau, chef de guerre*. París: Armand Colin.
- Cabanes, Bruno. 2009. "Le vrai échec du traité de Versailles". *L'Histoire*, 36-42. Julio-agosto.
- Krumeich, Gerd. 1999. "La paix de Versailles vue d'Allemagne". *L'Histoire*, 17-25. Junio.
- Lloyd, David George. 1935. *Mémoires de guerre*. París: Fayard.
- Miquel, Pierre. 1972. *La paix de Versailles et l'opinion publique française*. París: Flammarion.
- Renouvin, Paul. 2003. *Le traité de Versailles vu par ses contemporains*. París: Vick Éditions.

FUENTES ICONOGRÁFICAS

- Asesinato del archiduque Francisco Fernando de Habsburgo. © Le Petit Journal.
- El presidente Woodrow pidiéndole al Congreso que se declare la guerra contra Alemania. La imagen reproducida está libre de derechos.
- Retrato de Georges Clemenceau. La imagen reproducida está libre de derechos.
- Retrato de Thomas Woodrow Wilson. © Pach Brothers.
- Retrato de David Lloyd George. © Library of Congress.

- Retrato de Vittorio Orlando. La imagen reproducida está libre de derechos.
- Firma del Tratado de Versalles. La imagen reproducida está libre de derechos.

MUSEO Y MONUMENTO CONMEMORATIVO

- Memorial del Armisticio, en Compiègne, Francia.
- Tumba del soldado desconocido, museo del Arco del Triunfo, en la plaza de la Estrella en París, Francia.

¡APRENDER NUNCA ANTES FUE TAN RÁPIDO!

www.en50minutos.es